www.ingramcontent.com/pod-product-compliance
Lightning Source LLC
Chambersburg PA
CBHW082113220526
45472CB00009B/2162
9781720520504